Gewiss ist, dass wir immer in der Nähe
und unter der Gegenwart Gottes leben dürfen
und dass dieses Leben für uns
ein ganz neues Leben ist.

Gott ist bei dir am Abend und am Morgen

Gedanken zur Taufe von

Dietrich Bonhoeffer

benno

Von guten Mächten wunderbar geborgen,
erwarten wir getrost, was kommen mag.
Gott ist bei uns am Abend und am Morgen
und ganz gewiss an jedem neuen Tag.

Der Anfang

Fragen wir, wie wir ein Leben mit Gott anfangen könnten, so antwortet die Bibel, dass Gott schon längst das Leben mit uns angefangen hat.

Schau nicht zurück

Nicht zurück, aber auch nicht in unübersehbare Fernen schaut der Mann, der den Pflug führt, sondern auf den nächsten Schritt, den er tun muss; Rückblicke sind keine christliche Sache. Lass dahinten Angst, Kummer, Schuld. Du aber sieh auf den, der dir einen neuen Anfang gegeben hat.

Mit Gott auf dem Weg

Gottes Wege sind die Wege, die er selbst gegangen ist und die wir nun mit ihm gehen sollen. Keinen Weg lässt uns Gott gehen, den er nicht selbst gegangen wäre und auf dem er uns nicht voranginge. Es ist der von Gott gebahnte und von Gott geschützte Weg, auf den er uns ruft. So ist es wirklich sein Weg ...

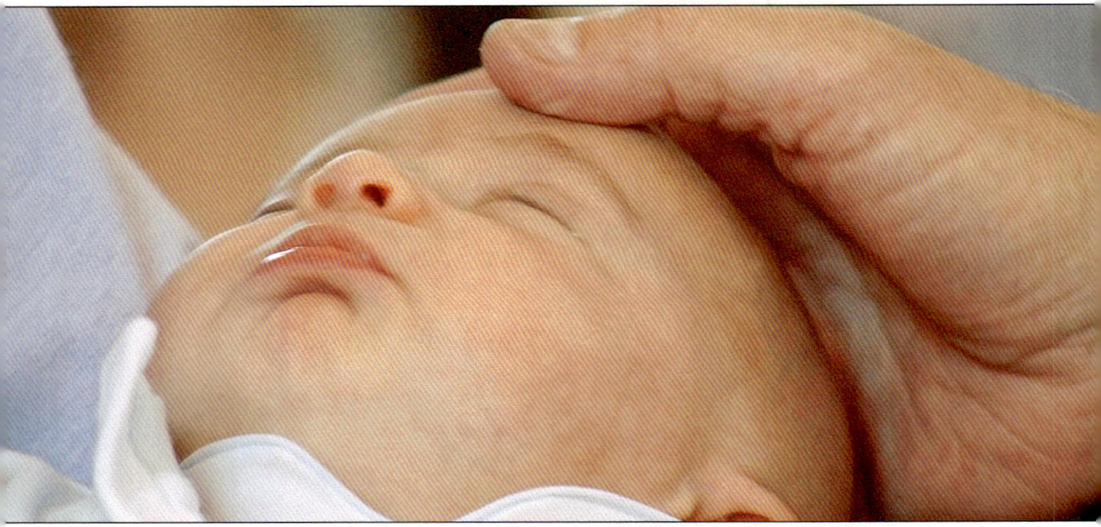

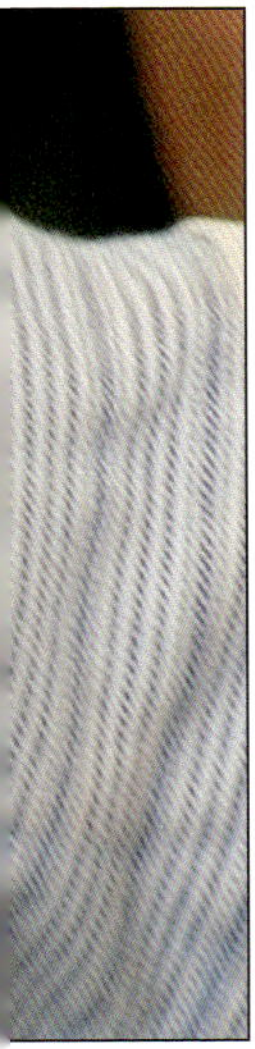

Mit Gott tritt man nicht auf der Stelle, sondern man beschreitet einen Weg. Es geht voran oder man ist nicht mit Gott. Gott kennt den ganzen Weg, wir wissen nur den nächsten Schritt und das letzte Ziel. Es gibt kein Stehenbleiben, jeden Tag, jede Stunde geht es weiter …

Als Weg kann er auch nicht verborgen bleiben vor den Augen anderer Menschen. Es wird offenbar, ob auf diesem Wege Gutes oder Übles geschieht. Es ist auch nicht gleichgültig, ob gelegentlich auf diesem Wege Übles getan wird, so etwa, dass man sich dann von der mangelhaften Wirklichkeit auf das vollkommene Ideal zurückziehen könnte. Den Weg zu wissen, auf dem rechten Wege zu sein, erleichtert niemals Verantwortung und Schuld, sondern erschwert sie. Gottes Kinder stehen nicht unter Sonderrecht, außer dem einen, von Gottes Gnade und Weg zu wissen und kein Übles zu tun.

Der Anfang ist gemacht

Gott hat den Anfang gesetzt, das ist die freudige Gewissheit des Glaubens. Darum soll ich nicht neben den „einen“ Anfang Gottes noch zahllose eigene Anfänge zu setzen versuchen. Gerade davon bin ich befreit, der Anfang liegt ein für alle Mal hinter mir, Gottes Anfang nämlich ... Wir sind einander auf dem Wege, dessen Anfang darin bestand, dass Gott die Seinen gefunden hat und dessen Ende immer nur darin bestehen kann, dass Gott sie wieder sucht. Der Weg zwischen diesem Anfang und diesem Ende ist der Wandel im Gesetz Gottes. Es ist das Leben unter dem Wort Gottes in seiner ganzen Vielgestaltigkeit. Nur eine Gefahr gibt es in Wahrheit auf diesem Wege, nämlich hinter den Anfang zurückzuwollen. In diesem Augenblick hört der Weg auf ein Weg der Gnade und des Glaubens zu sein. Er hört auf, Gottes eigener Weg zu sein.

Die Liebe

Es ist zunächst etwas sehr Einfältiges, was hier gesagt ist, nämlich dass ein Leben Sinn und Wert hat, nur sofern Liebe in ihm ist, und dass ein Leben nichts, gar nichts ist und keinen Sinn und Wert hat, wenn keine Liebe in ihm ist (1 Korinther 13,1-3). Ein Leben ist so viel wert, wie viel Liebe es hat. Alles andere ist nichts, gar nichts, ganz gleichgültig, ganz unwichtig, alles Schlechte und alles Gute, alles Große und alles Kleine ist unwichtig – wir sind nur nach einem gefragt, ob wir Liebe haben oder nicht.

„Und wenn ich weissagen könnte und wüsste alle Geheimnisse und Erkenntnisse ...", wenn ich wüsste, warum ich diesen Weg und warum jener jenen Weg gehen muss, wenn ich die dunklen Wege Gottes schon hier erkennen könnte – ja, wäre das nicht die Seligkeit? ...

Erkenntnis, Wissen, Wahrheit ohne Liebe ist nichts, sie ist nicht Wahrheit – denn Wahrheit ist Gott und Gott ist Liebe.

Wenn ich weissagen könnte
und wüsste alle Geheimnisse und alle Erkenntnisse
und hätte allen Glauben, also dass ich Berge versetzte,
und hätte der Liebe nicht, so wäre ich nichts.

1. Korinther 13,2 (Luther 1912)

Die Liebe ist langmütig und freundlich, die Liebe eifert nicht,
sie verträgt alles, sie glaubet alles,
sie hoffet alles, sie duldet alles.

1. Korinther 13,4a.7 (Luther 1912)

Langmütig und freundlich

Es gibt keinen Menschen, der ohne Liebe lebt. Jeder Mensch hat Liebe, er weiß um ihre Macht und um ihre Leidenschaft. Er weiß sogar, dass diese Liebe den ganzen Sinn seines Lebens ausmacht ... Diese Liebe aber, um deren Macht, Leidenschaft und Sinn jeder Mensch weiß, ist die Liebe des Menschen zu sich selbst ... Paulus zwingt die Selbstliebe zur Verantwortung, indem er vor ihr, vor uns das Bild der Liebe entwirft, die vor Gott gilt ... Die Liebe wird nie ungeduldig, sie will nichts übereilen und erzwingen. Sie rechnet mit langen Zeiträumen. Warten, Geduld haben, weiter lieben und freundlich sein, auch wo es gänzlich fehlzuschlagen scheint – das allein überwindet Menschen, das allein löst die Fesseln, die jeden Menschen ketten, die Fesseln der Menschenfurcht und der Angst vor einem Umbruch, vor einem neuen Leben.

Freundlichkeit – das scheint oft so gänzlich unangebracht zu sein – aber die Liebe ist langmütig und freundlich – sie wartet, wie man auf einen, der sich verirrt und verlaufen hat, wartet und sich freut, wenn er überhaupt noch kommt.

Das begreifen nur die Kinder

Die Obersten dieser Welt leben vom Rechnen und vom Nutzen, dadurch werden sie groß in der Welt – aber das Geheimnis begreifen sie nicht; das begreifen ja nur die Kinder. Ein untrügliches Zeichen trägt die Welt, das von ihrer Blindheit gegen das Geheimnis Gottes zeugt: das Kreuz Jesu Christi. Hätten sie ihn erkannt, „so hätten sie den Herrn der Herrlichkeit nicht gekreuzigt". Das also ist das unerkannte Geheimnis Gottes in dieser Welt: Jesus Christus. Dass dieser Jesus von Nazareth, der Zimmermann, der Herr der Herrlichkeit selbst war, das war das Geheimnis Gottes. Geheimnis darum, weil Gott hier arm, niedrig,

gering und schwach wurde aus Liebe zu den Menschen, weil Gott ein Mensch wurde wie wir, damit wir göttlich würden, weil er zu uns kam, damit wir zu ihm kämen.

Gott als der um unsertwillen gering wird Gott in Jesus von Nazareth – das ist die heimliche, verborgene Weisheit … die kein Auge gesehen, kein Ohr gehört und in keines Menschen Herz gekommen ist … Dass es der eine Gott ist, der Vater und Schöpfer der Welt, der in Jesus Christus uns geliebt hat bis zum Tod, der im Heiligen Geist unser Herz zu ihm auftut, dass wir ihn lieben, dass es nicht drei Götter sind, sondern dass es einer ist, der die Welt vom Anfang bis zum Ende umfängt, schafft und erlöst – das ist die Tiefe der Gottheit, die wir als Geheimnis anbeten und als Geheimnis begreifen.

Respekt vor dem Geheimnis

Die Geheimnislosigkeit unseres modernen Lebens ist unser Verfall und unsere Armut. Ein menschliches Leben ist so viel wert, als es Respekt behält vor dem Geheimnis. Ein Mensch erhält sich so viel vom Kinde in ihm, als er das Geheimnis ehrt. Darum haben die Kinder so offene, erwachende Augen, weil sie wissen, dass sie umgeben sind vom Geheimnis. Sie sind mit dieser Welt noch nicht fertiggeworden, sie wissen sich noch nicht so durchzuschlagen und die Geheimnisse zu umgehen, wie wir es wissen. Wir zerstören das Geheimnis, weil wir spüren, dass wir hier an eine Grenze unseres Seins geraten, weil wir über alles verfügen und Herr sein wollen, und eben das können wir mit dem Geheimnis nicht ... Geheimnislos leben heißt, die entscheidenden Vorgänge des Lebens gar nicht sehen oder sogar ableugnen.

Mit ganzem Herzen

Wer Gottes Wort empfangen hat, der muss anfangen, Gott zu suchen; er kann nicht anders ... Wir können Gott nirgends anders suchen als in seinem Wort; aber dieses Wort ist lebendig und unerschöpflich; denn Gott selbst lebt darin. Hat uns Gottes Wort getroffen, so dürfen wir es sagen: Ich suche dich von ganzem Herzen (Psalm 119,10). Denn mit halbem Herzen würden wir einen Götzen, aber niemals Gott selbst suchen.

Gott braucht das ganze Herz. Er will nichts (nicht etwas) von uns, sondern er will uns selbst und ganz. Das hat uns sein Wort gesagt. Darum suchen wir ihn mit ganzem Herzen ... Wer Gott von ganzem Herzen sucht, der wird nicht in die Irre gehen.

Hab acht auf deine Seele

„Meine Seele ist stille zu Gott“ (Psalm 62,2). Wie ein Lied aus alten Zeiten, wie Erinnerung an Kindertage klingt das wunderliche, uns so fremd gewordene Wort von der Seele. Gibt's denn auch für unsere Tage noch so etwas wie Seele? Es klingt halt so wunderlich und absonderlich zu dem Gewirr und Geschrei der Stimmen, die sich anpreisen, das Wörtchen Seele; es hat so eine leise, stille Sprache, dass wir's kaum mehr hören über dem Toben und Tosen in unserem Inneren. Aber es hat eine Sprache voll größter Verantwortung und tiefstem Ernstes:

Du, Mensch, hast eine Seele; schau, dass du sie nicht verlierst, dass du nicht eines Tages vom Taumel des Lebens erwachst – und sehen musst, dass du innerlich hohl geworden bist, ein Spielball der Ereignisse, ein Blatt vom Winde hin und her getrieben und verweht – dass du ohne Seele bist. Mensch hab acht auf deine Seele; was sollen wir sagen von jener Seele: Sie ist das Leben, das Gott uns gegeben hat; sie ist das, was Gott an uns geliebt hat, was er aus seiner Ewigkeit heraus angerührt hat, sie ist die Liebe in uns und die Sehnsucht und die heilige Unruhe und die Verantwortung und die Fröhlichkeit und der Schmerz, sie ist göttlicher Odem, gehaucht in vergängliches Wesen. Mensch, du hast eine Seele.

Glück oder Unglück

Einige seiner Kinder segnet Gott mit Glück, er lässt ihnen alles gelingen, was sie angreifen, er ist mit ihnen, schenkt ihnen das Wohlwollen der Menschen, Erfolg und Anerkennung in ihrem Tun, ja er gibt ihnen große Macht über andere Menschen und lässt durch sie sein Werk vollbringen. Zwar müssen auch sie meist durch Zeiten des Leidens und der Prüfung hindurch, aber was Menschen ihnen auch Böses zu tun versuchen, immer lässt es ihnen Gott zum Guten ausschlagen. Andere seiner Kinder segnet Gott mit Leiden bis zum Martyrium.

Gott verbündet sich mit
Glück und Unglück, um
Menschen auf seinen Weg
und zu seinem Ziel zu führen.
Der Weg heißt: halten der Gebote
Gottes, und das Ziel heißt: Wir blei-
ben in Gott und Gott bleibt in uns. Glück
und Unglück kommen zu ihrer Erfüllung
in der Seligkeit dieses Ziels: Wir in Gott, Gott
in uns; und der Weg zu diesem Ziel, das Gehen in
den Geboten Gottes, ist schon der Beginn dieser
Seligkeit. Woran erkennen wir, dass wir – durch Glück
oder Unglück – dieser Seligkeit entgegengehen? Daran,
dass in uns eine unwiderstehliche Liebe zu diesem Weg und
zu diesem Ziel wach geworden ist. Diese Liebe stammt von
Gott. Sie ist der Heilige Geist, den Gott uns gegeben hat.

Der feste Boden, auf dem wir stehen

Alles, was wir mit Recht von Gott erwarten, erbitten dürfen, ist in Jesus Christus zu finden. Wir müssen uns immer wieder sehr lange und sehr ruhig in das Leben, Sprechen, Handeln, Leiden und Sterben Jesu versenken, um zu erkennen, was Gott verheißt und was er erfüllt. Gewiss ist, dass wir immer in der Nähe und unter der Gegenwart Gottes leben dürfen und dass dieses Leben für uns ein ganz neues Leben ist; dass es für uns nichts Unmögliches mehr gibt, weil es für Gott nichts Unmögli-

ches gibt; dass keine irdische Macht uns anrühren kann ohne Gottes Willen, und dass Gefahr und Not uns nur näher zu Gott treibt; gewiss ist, dass wir nichts zu beanspruchen haben und doch alles erbitten dürfen; gewiss ist, dass im Leiden unsere Freude, im Sterben unser Leben verborgen ist; gewiss ist, dass wir in dem allen in einer Gemeinschaft stehen, die uns trägt. Zu all dem hat Gott in Jesus Ja und Amen gesagt. Dieses Ja und Amen ist der feste Boden, auf dem wir stehen.

Bibliografische Information der Deutschen Nationalbibliothek
Die Deutsche Nationalbibliothek verzeichnet diese Publikation in der Deutschen Nationalbibliografie; detaillierte bibliografische Daten sind im Internet über http://dnb.d-nb.de abrufbar.

Quellenverzeichnis

Texte:
Seite 1: Ökumene, Universität, Pfarramt 1931–1932, DBW Band 11, Seite 424.
Seite 4: Widerstand und Ergebung, DBW Band 8, Seite 573.
Seite 6: Widerstand und Ergebung, DBW Band 8, Seite 607f.
Seite 8: Illegale Theologenausbildung: Sammelvikariate 1937–1940, DBW Band 15, Seite 502.
Seite 9: London 1933–1935, DBW Band 13, Seite 346.
Seite 10/11: Illegale Theologenausbildung: Sammelvikariate 1937–1940, DBW Band 15, Seite 507f.
Seite 12/13: Illegale Theologenausbildung: Sammelvikariate 1937–1940, DBW Band 15, Seite 500.
Seite 14/15: London 1933–1935, DBW Band 13, Seite 380 f, 383f.
Seite 16/17: London 1933–1935, DBW Band 13, Seite 387ff.
Seite 18/19: London 1933–1935, DBW Band 13, Seite 362f.
Seite 20/21: London 1933–1935, DBW Band 13, Seite 359f.
Seite 22/23: Illegale Theologenausbildung: Sammelvikariate 1937–1940, DBW Band 15, Seite 518f.
Seite 24/25: Barcelona, Berlin, Amerika 1928–1931, DBW Band 10, Seite 479f.
Seite 26/27: Konspiration und Haft 1940–1945, DBW Band 16, Seite 653f.
Seite 28/29: Widerstand und Ergebung, DBW Band 8, Seite 572f.
Seite 31: Illegale Theologenausbildung: Finkenwalde 1935–1937, DBW Band 14, Seite 871f.

Fotos:
Cover: © ilfotokunst / Fotolia; S. 2/3: © Sofiaworld / Shutterstock; S. 4: © saras66 / Fotolia; S. 6: © Toscanini / Shutterstock; S. 7: © Anna Khomulo / Fotolia; S. 8: © denis_333 / Fotolia; S. 9: © Reena / Fotolia; S. 10: © federico igea / Fotolia; S. 11: © Subbotina Anna / Shutterstock; S. 12: © Natalia Merzlyakova / Fotolia; S. 13. © dampoint / Fotolia; S. 14: © MAXFX / Fotolia; S. 15: © Picture-Factory / Fotolia; S. 16/17: © Olesya Makusheva / Shutterstock; S. 18: © Phils Photography / Fotolia; S. 19: © motti77 / Fotolia; S. 20: © William Wang / Fotolia; S. 21: © Manuel Tennert / Fotolia; S. 22/23: © patrick / Fotolia; S. 24: © Marco2811 / Fotolia; S. 25: © nikhg / Fotolia; S. 26/27: © Ozerov Alexander / Shutterstock; S. 28: © novadomus / Fotolia, © Tim UR / Shutterstock; S. 29: © photowings / Fotolia; S. 31: © Sergey Chayko / Fotolia

Besuchen Sie uns im Internet:
www.st-benno.de

ISBN 978-3-7462-4921-6

Umschlag und Gestaltung: Ulrike Vetter, Leipzig
Gesamtherstellung: Arnold & Domnick, Leipzig (A)